El Perrito de la Nariz Torcida

por: Emily Bellefeuille

Ilustrada

por

Kendall R. Hart

El Perrito de la Nariz Torcida

Escrito enel © 2013 por Emily Bellefeuille

Pretty Leaf Books

Derechos resevados

ISBN-13: 978-0991135318

ISBN-10: 0991135318

Imprimido en los Estados Unidos

Arte y diseño por Kendall R. Hart enel 2013

Para Mamá, Papá, Audrey y mis otros amigos y familiares que me apoyaron.

Y un agradecimiento especial a Katrina Lyon, Juan Carlos Canibe, Xiomara Nolasco y Kendall R. Hart, quienes me ayudaron a convertir mis ideas una realidad.

*"Un perro es la única cosa sobre la tierra que te ama
más a ti que a sí mismo."*

- Josh Billings

¡Hola! Me llamo Dexter y déjame decirte que soy un perro muy afortunado. Pero la vida no siempre fue juguetes y premios…

Mi primer familia no podía cuidarme nunca más y me dejaron en el callejón. No sabía lo que hice mal. Tal vez fue porque tenía una nariz torcida y era bastante peludo. No me veía como los otros perritos.

Un hombre, su esposa y su bóxer llamado Rocky me encontraron solo en el callejón. No sabían que mi familia no me quería más entonces comenzaron a buscar a mis dueños. Me dieron una nueva correa y me caminaron al rededor del vecindario.

Hablaron con mucha gente para ver si me conocían, o me habían visto. Sin embargo todo el mundo volteó la cabeza al ver mi nariz torcida.

Estaban a punto de renunciar cuando vieron a una señorita regando sus flores. El buen hombre que me encontró se acercó a ella y le preguntó si me había visto antes. "No, nunca lo he visto antes," dijo la señorita, "pero espere aquí un momento." Ella desapareció.

Pasaron unos momentos y empezamos a caminar cuando la señorita volvió con un hombre.

La señorita me dijo, "Hola chiquito! Si te llevas bien con mis otros perros, podemos cuidarte hasta que encontremos a tu familia."

Abrió la puerta de su patio y todos entramos.

¡De repente, llegaron dos puggles locos y pequeños y vinieron hacia mi!

"Ellos son Bruno y Hank," dijo la señorita.

Quería que la señorita y sus perros les gustara. Tal vez no notarán mi nariz torcida.

"¡Este perrito tiene una nariz torcida!" se rió el hombre, "¡Qué perrito tan chistoso!"

Me puse muy triste. Quería que a este hombre le gustaría entonces empecé a jugar con los otros perros y le demostré que podía ser un buen perro. No quería que me dejaran ir por mi nariz torcida.

La pareja me dijo, "Fue un placer conocerte a ti pero estas personas van a cuidarte hasta que encuentren a tu familia." Mientras estaban diciendo adiós, pensé *¿Qué pasa si estas nuevas personas no me gustan y tratan de deshacerse de mí?*

La señorita dijo, "Somos Emily y Danny. Vamos a buscar a tu familia pero hasta que los encontremos, tu puedes compartir nuestra casa con nosotros."

"Ya que no sabemos tu nombre, te llamaremos Dexter," dijo Danny.

Me puedes llamar cualquier nombre que quieras, pensé, yo sólo quiero un lugar donde vivir y no estar sólo otra vez.

"¿Qué le pasó a tu nariz?" pregunto Bruno.
"No lo sé. Supongo que nací así," le respondí tímidamente.
"Está bien, Dexter," dijo Hank, "Nadie es perfecto. ¡Mira mis dientes chuecos! ¡Mamá nos dice que son nuestras diferencias nos hacen especiales!"
Y sonreí.

Bruno, Hank y yo estábamos pasando un buen rato jugando juntos. Emily y yo jugamos a buscar y traer y ella estaba muy impresionada que le traje la pelota. Creo que a ella le gustó mucho y a mí me gustó mucho esta familia.

Después de jugar afuera, teníamos mucha hambre. Entramos y noté que sólo había dos platos en el suelo. "Ven, Dexter. Compartiré mi comida," Bruno empujó el plato hacia mí. ¡Estaba tan feliz porque me estaba muriendo de hambre! Comí junto a mis nuevos amigos y luego nos fuimos a dormir.

Al día siguiente, Emily y Danny colgaron carteles en el vecindario para llamar la atención de mi familia. Algunos días pasaron sin ninguna llamada y empecé a acostumbrarme a mi casa temporal.

Un día, vi a Emily colgando el teléfono. Me dijo: "Dexter, era tu dueño. Ella te quiere ver otra vez."

Danny me puso la correa y luego nosotros tres empezamos a caminar por la calle.

Comencé a reconocer a la mujer caminando hacia nosotros. ¡Ella era parte de mi familia! Corrí a ella, pero ella no llegó a acariciarme.

Dijo que ella ya no podía cuidarme y que yo tenía que encontrar una nueva familia. Ella se volteó y se alejó y nos dejó allí. Empezamos a caminar de regreso a la casa y yo podría ver que Emily y Danny no sabían qué hacer.

En vez de llevarme de vuelta a la casa, Emily me dejó en un lugar muy extraño donde estaba rodeado de perros.

La señora en este lugar me levantó y me puso encima de una mesa y luego sacó un juguete de color gris que hizo mucho ruido. Miré hacia abajo y empecé a ver todo mi pelo callendo al piso. Cuando terminó, me puso en una tina grande y entonces comenzó a hecharme agua por todos lados!

¿!Qué estaba haciendo?! Pensé.

Después de todo esto, sacó otro juguete que también sonaba fuerte, pero éste sopló aire caliente sobre mí!

Cuando el ruido y el aire se acabó, la señora me puso en el suelo frente al espejo. Todo mi pelo largo había desaparecido! Tengo que admitir que me miraba bastante guapo.

Jugué con los otros perros y noté que había pasado mucho tiempo sin ver a Emily.

Los otros perros fueron recogidos por sus familias y me empecé a sentir solo cuando oí un golpe en la puerta.

¡Fue Emily!
Me levantó y dijo que guapo me veía con mi nuevo corte de pelo.
"Dexter," dijo ella, "ahora vas a vivir con Danny y conmigo! Vamos a hacer tus nuevas padres y Bruno y Hank serán tus hermanos. Aquí está tu nuevo collar!"

Cuando llegamos a la casa entré en el patio y empezé a jugar con mis nuevos hermanos. Fue tan agradable sentirme amado y querido.

Asi que siempre recuerden...Tal vez tengas una nariz torcida, dientes chuecos, o necesites un corte de pelo y un baño.

Pero, mientras tengas amor, siempre tendrás una familia.

Fin

www.ingramcontent.com/pod-product-compliance
Lightning Source LLC
Chambersburg PA
CBHW041230040426
42444CB00002B/119